Eugen Croissant

Hinterm Mond

Eine Chiemseer Chronik der Jahre 1943–1949

Herausgegeben von Hans Heyn

rosenheimer

*Dieses Buch entstand mit freundlicher Förderung
des Oberbayerischen Volksblattes*

Texte: *Hans Heyn*

Bildlegenden: *Elisabeth Croissant*

© 1996 Rosenheimer Verlagshaus GmbH & Co. KG,
Rosenheim

Gestaltung und Satz: Wolfgang Felber, Ottobrunn
Offsetlithographie: Fotolitho Stampfer, Bozen
Druck und Bindung: Egedsa, Sabadell

ISBN 3-475-52856-8

Die Croissants

Nichts entflieht dem Gedächtnis so rasch wie schlechte Zeiten. Erinnerung verklärt. „Sie ist das einzige Paradies, aus dem wir nicht vertrieben werden können", schrieb Jean Paul. Er beschloß, diese Einsicht künftig in Stammbücher zu schreiben. Doch für jede noch so gereifte Erkenntnis gibt es Ausnahmen. Man möchte dem Dichter die Chronik der Jahre 1943–1949 von Eugen Croissant entgegenhalten. Darin hat der Maler und Zeichner mit heiterem Sinn und dem ihm eigenen satirischen Stil die Nöte schwerer Zeiten überliefert. Aus dem Augenblick und dem persönlichen Erleben heraus ist dieses Buch entstanden. Der Radius scheint eng gezogen: Er beschränkt sich auf Breitbrunn, ein Dorf am Chiemsee, den Zufluchtsort des Malerpaares Eugen und Elisabeth Croissant. In Wirklichkeit spiegeln die Blätter jene Zeit wider, die sich an sechs Kriegsjahre anschloß, an deren Folgen die Menschen litten, wo noch vieles Trachten dem eigenen Überleben galt. Das Besondere dieses Bilderbuches ist die heitere Sicht, die Art, wie die Croissants dem Leben, das heißt, den Widerwärtigkeiten des Alltags begegnet sind.

Obwohl die Chronik ohne Auftrag, privatim, zum eigenen Vergnügen gezeichnet ist, verraten der sichere Strich, Sorgfalt im Detail und Porträttreue die geübte Hand des Karikaturisten. Eugen Croissant hat seine Mitarbeit bei den satirischen Blättern immer nur als Notwendigkeit, als Kunsthandwerk verstanden. Zeitlebens ist er Maler gewesen. Ehe er den Chiemsee als Motiv seines Spätwerks entdeckte, war auf seinen Malreisen ein Aquarellwerk europäischer Landschaften entstanden. Museen und öffentliche Sammlungen besitzen Arbeiten von ihm. In Breitbrunn, das dem Künstlerpaar zur Wahlheimat geworden ist, entsteht auch das Hauptwerk der Malerin. Das Zusammenwirken von Traum und Wirklichkeit ist dafür kennzeichnend.

Die Geschichte dieser Chronik

Sie beginnt vor 200 Jahren. Damals schrieb ein Mann, den wir nicht kennen:

Mit Gott angefangen den 4ten Merz 1784.

„Mit Gott angefangen den 4ten Merz 1784."

Weiter ist er nicht gekommen. Wir wissen nicht, was ihn daran gehindert hat, zu beginnen und fortzufahren.
Er könnte ein Münchner gewesen sein. Denn Generationen später, es war 1942, bekam Eugen Croissant dort den Band mit den leeren Blättern. Dem Maler schien dies ein doppeltes Geschenk. Der Krieg war weit fortgeschritten, Aquarellpapier erhielt man durch Beziehungen – eine Umgangsform, die dieser eigenwilligen Persönlichkeit zuwider war. Croissant hätte kein Künstler sein müssen, um nicht den Wert des unbeschriebenen Buches zu schätzen. Das Papier war handgeschöpft, so grobfaserig, daß es zum Zeichnen geeignet war, ja geradezu herausforderte. Der Einband und die Art der Bindung sagten etwas über die Buchherstellung der damaligen Zeit aus. Einer besseren Zeit als die der Marsjahre, während derer Eugen und Elisabeth Croissant einander kennenlernten. Damals, 1784, begann München unter dem Kurfürsten Karl Theodor von der Pfalz zu leuchten. Jetzt schien es ausgelöscht zu werden.
So wertvoll dem Maler der Blindband war und so sehr es ihn lockte, mit dem Zeichnen zu beginnen, es verging doch noch ein Jahr, ehe darin der erste Strich erschien.

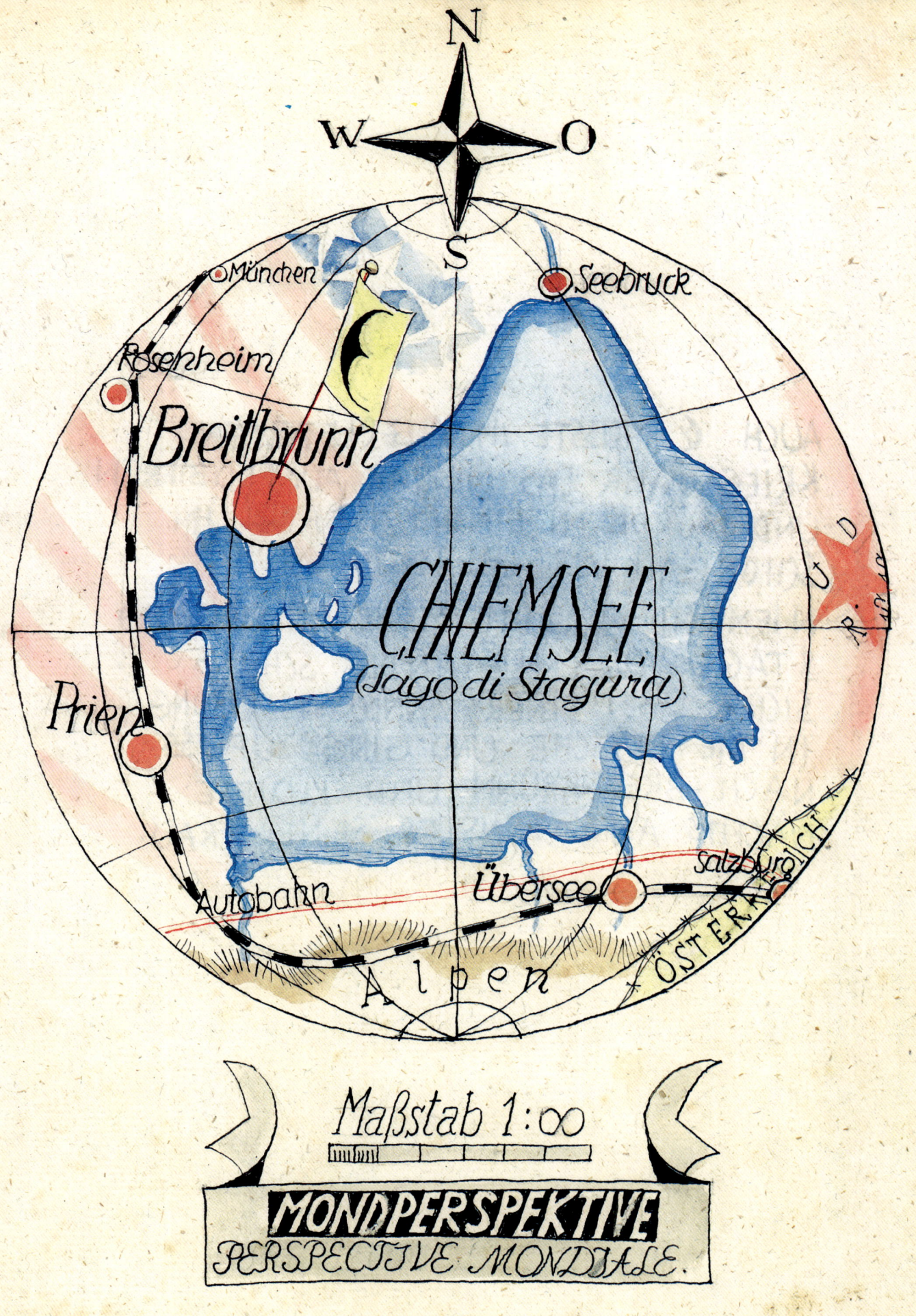

Die Flucht hinter den Mond

Zur Abbildung Seite 5

„Als es 1943 im bombardierten München immer unsicherer und ungemütlicher wurde, machte uns eines Tages unser Freund Erich Renner, als er als Soldat einrücken mußte, den Vorschlag, seine kleine Wohnung am schönen Chiemsee zu beziehen und zu behüten. Wir nahmen das Angebot an und zogen hinaus hinter den Mond. Und so wurde Breitbrunn dann für uns der Mittelpunkt der Welt." Mit diesem knappen Bericht leitet Elisabeth Croissant den Band ein. Es ist der Hintergrund, vor dem Eugen das erste Blatt der Chronik zeichnet: der Chiemsee in globaler Sicht – die Mitte alles persönlichen und politischen Geschehens rundum. München erscheint nur noch an der Peripherie. Rosenheim und Prien bilden die Grenze des eigenen Radius im Westen. Unübersehbar als lokaler Mittelpunkt: Breitbrunn. Darüber weht die Fahne mit dem Signet der Croissants. Eugen Croissant ist hugenottischer Herkunft. Er bringt in das „C", die Initiale seines Namens *Croissant* – „Halbmond" –, das „E" von Eugen und Elisabeth ein. Die Mondsichel wird zu seinem Erkennungszeichen, ist noch von der Tafel seines Grabes auf Frauenchiemsee ablesbar.

Unübersehbar ist auf dem Chiemseer Globus die politische Situation nach dem Krieg. Im Osten die damals allgegenwärtige Sowjetunion, der rote Stern. Im Südosten der Stacheldraht, das nur über die grüne Grenze zu erreichende Salzburg und Österreich. Rätselhaft bleibt, warum „der Kartograph" unter den Namen des Sees, zwar in Klammern, aber doch hervorgehoben, „Lago di Stagura" schreibt. Wir wissen nicht – ist es Ironie, weil Albert Gustav Stagura (1866–1947), ein Landschafter der Münchner Schule, damals eine populäre Erscheinung am See war? Den Münchner, der im Vorfrühling kam und im Spätherbst mit reicher Bildausbeute wieder in die Stadt fuhr, kannten nicht nur Kunstinteressierte. Der Landschafter vor seiner Staffelei war eine vertraute Erscheinung. Oder ist der Namenszug in Italienisch eine Reverenz an den Kollegen, der wie Croissant bei Wind und Wetter draußen malte? Nur daß sich die beiden nicht begegneten, und, wie Elisabeth Croissant sich erinnert, nicht kannten. Eugen Croissants schöpferische Jahreszeit war der Winter. Während „die Eisheilige Elisabeth" noch am Küchenofen fror, brach Eugen, „ihr Narr", der die Kälte liebte, auf Motivsuche in das Eis ein – und überlebte das Abenteuer ohne Schaden.

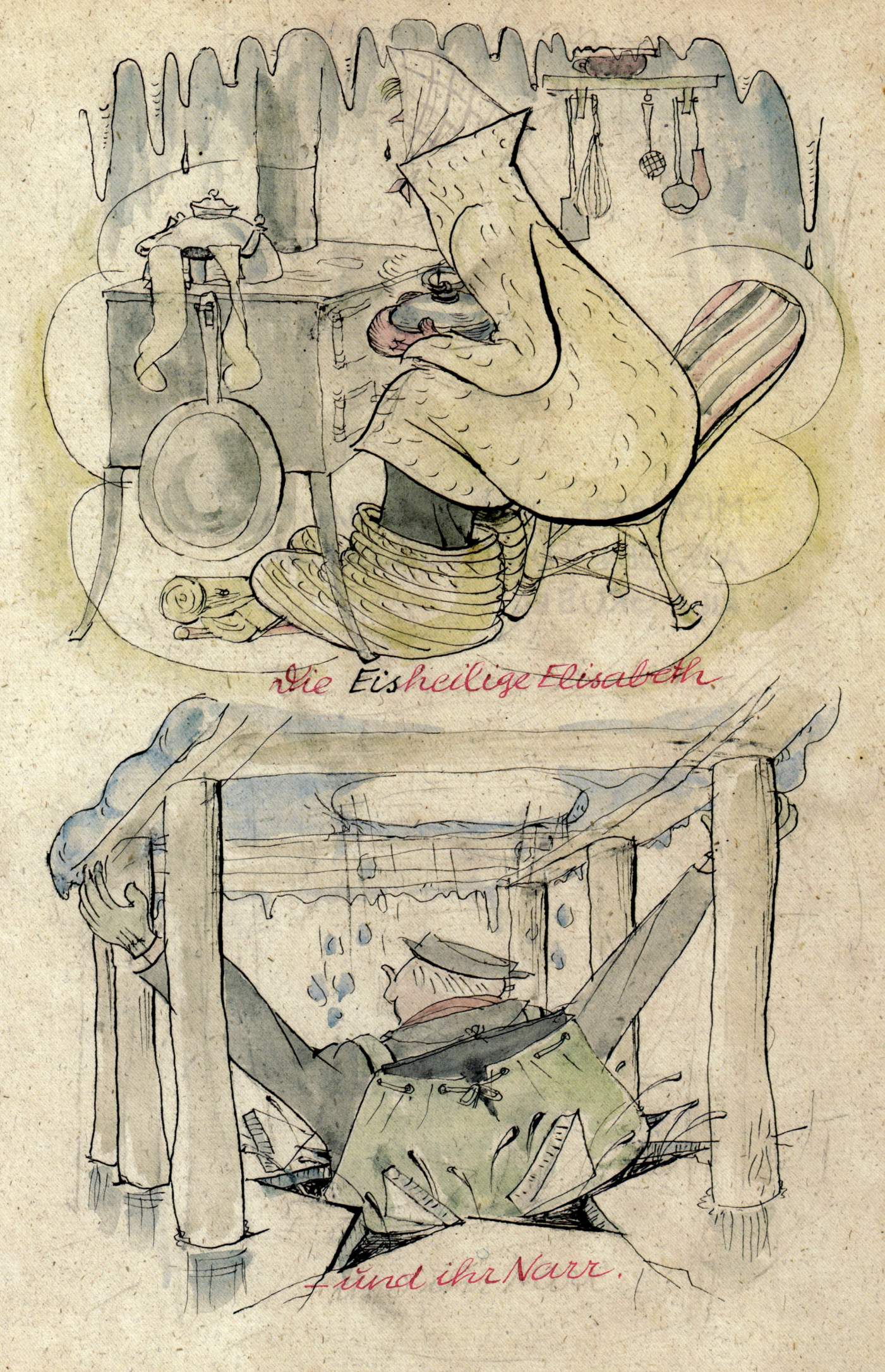

Der Mittelpunkt der Welt

Die Wohnung des Freundes in Breitbrunn, in welche die Croissants im Marsjahr 1943 einzogen, war sicherlich eine bescheidene Herberge. Das Zuhäusl gehört noch heute zum Kramer-Anwesen.
Insgesamt sind Eugen und Elisabeth Croissant in Breitbrunn noch zweimal umgezogen. „Nach Heimkehr des Freundes hatten wir keine Wahl. Es war ein Loch, in dem wir dann wohnten. Es gab darin kein fließendes Wasser, kein elektrisches Licht, keinen ‚stillen Ort'." Später fanden sie in Urfahrn ein wirkliches Zuhause.
Der Entschluß, München zu verlassen und in das Dorf am Chiemsee zu ziehen, erwies sich als glückliche Fügung. Denn kurze Zeit später wurde die Stadtwohnung während eines Luftangriffs zerstört. Und so dürftig das neue Zuhause in seiner Ausstattung auch sein mochte, es war ein Zuhause, ein sicheres Dach über dem Kopf. Auch wenn der Kamin bei Sonnenschein keinen Zug entwickelte. Eugen hat es gezeichnet: Es qualmt aus allen Fenstern, während Elisabeth mit brennendem Bündel durch die Tür eilt, um unter dem Waschkessel ein Feuer anzufachen, das für Durchzug sorgt. Der Krieg war zwar noch nicht ausgeblutet, aber sein Ende schon absehbar, als Eugen Croissant noch zum Militär einrücken mußte, in eine Kaserne bei Schongau.
Es war damals lebensgefährlich, sich von der Truppe abzusetzen. Doch er wagte es. Acht Tage vor Kriegsende begann der Soldat – feldmäßig ausgerüstet – seinen Marsch nach Breitbrunn. Am 29. April 1945 war der Krieger heimgekehrt und klopfte nachts an das Fenster seiner Frau, argwöhnisch beobachtet von einer der vielen Katzen, die alle nicht dem Malerpaar gehörten, aber sich bei ihm wohl fühlten. „Die Flucht hintern Mond" hat der Zeichner unter das Blatt geschrieben. Es ist der Platz, das Dorf, das ihm und seiner Frau bald zum „Mittelpunkt der Welt" werden sollte, das heißt, zum Ort eines 33 Jahre langen gemeinsamen Lebens. Eugen hat Breitbrunn nur noch zu Besuchsreisen verlassen.

29. April 1945: der Heimkehrer klopft
ans Fenster seiner Frau

Das Gemeinschaftsatelier

Not macht erfinderisch. Anders ist es nicht erklärbar, daß zwei Künstler an einem Tisch arbeiteten, einander gegenübersitzend und nur durch eine Sichtblende getrennt. Der eine malte Aquarelle, das heißt, er führte aus, was er draußen vor der Natur entworfen hatte. Zu sehen ist Eugen Croissants Arbeitsplatz, die unvermeidliche Zigarette zeigt ihn an. „Hinter der Wand" taucht Elisabeths Kopf auf. Man kann nur raten, ob sie mit einem Hinterglasbild, einem Kinderbuch oder anderem beschäftigt war. Die Situation ist durchaus wirklichkeitsgetreu, denn beide Maler haben nie zu gleicher Zeit an dem Tisch gesessen und gearbeitet. Jeder suchte den Platz auf, wenn der andere unterwegs war. So war es im ersten Gemeinschaftsatelier im Rennerhaus, und so war es auch Jahre später im Lex'nhaus in Urfahrn. Die abgeschirmte Lampe, in deren Licht Elisabeth arbeitet, die nachfolgenden Blätter „Lampenfieber" und das Milieu der Wohnküche entstanden in Urfahrn, denn im Rennerhaus gab es kein elektrisches Licht. Die gemalte Eigenbiographie folgt also keiner strengen Chronologie, die Ordnung darin ist mehr themenbezogen.

Seite 14:
Lange Zeit hatten wir eine einzige Lampe,
die hin- und hergezogen wurde

DAS GEMEINSCHAFTSATELIER

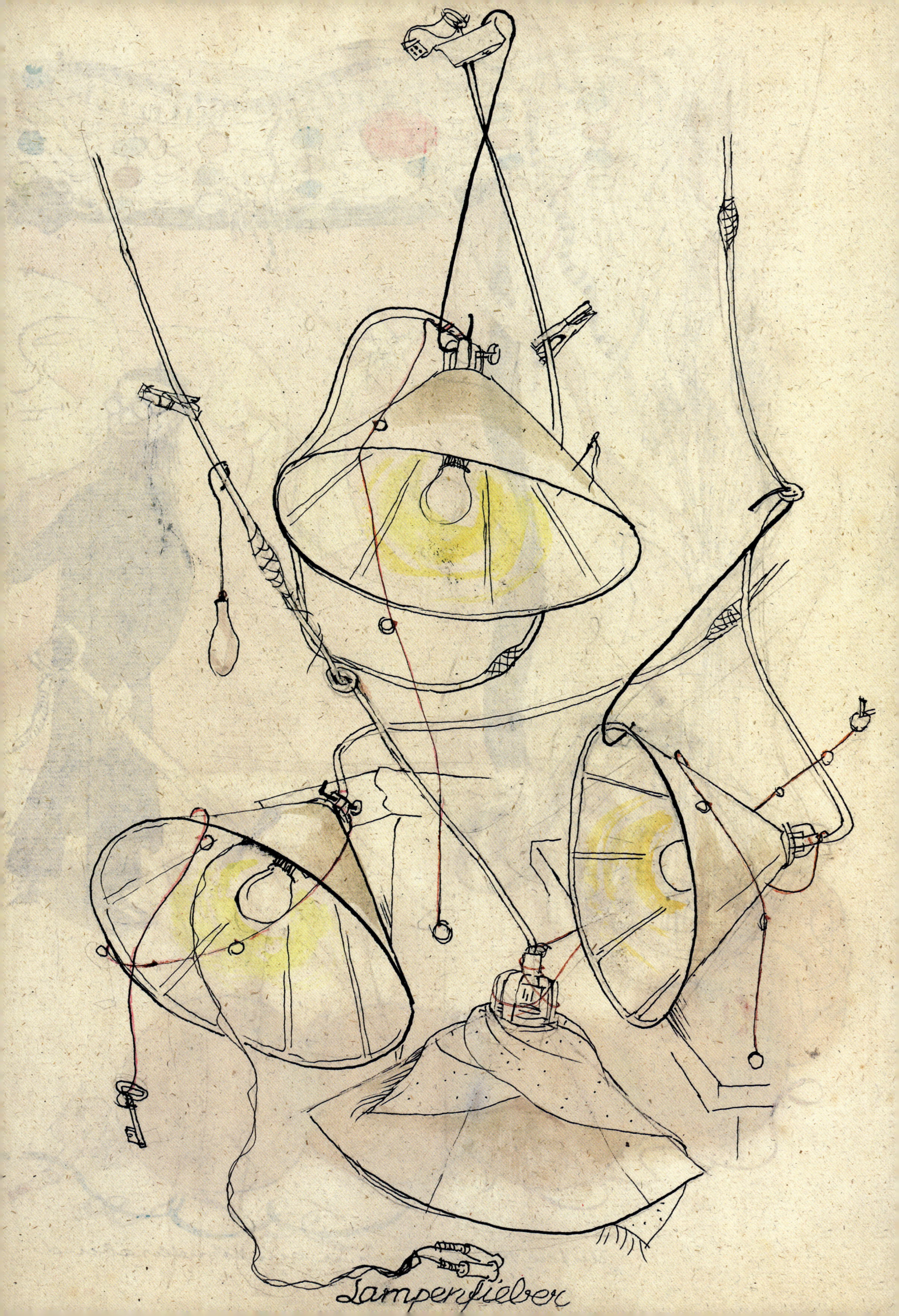

Nothelfer in Not

Die nun folgenden Jahre drängen sich dem Gedächtnis nicht auf. Zwar sind die Ängste ums nackte Leben ausgestanden, aber der Mensch dieser Tage ist arm, wenn er wie der Künstler keine Pfründe besitzt, die ihn ernähren. Die Zeit scheint ausgefüllt mit viel Mühe, das zum Leben Notwendige zu besorgen, das heißt damals zu organisieren. Da aber ist auch die Muße, Lust zu gestalten, welche das Künstlerpaar die Misere besser ertragen läßt. Dabei zeichnet sie beide bis in ihre späten Jahre, da die Gesellschaft in Wohlstand und Überfluß lebt, eine ganz unzeitgemäße Genügsamkeit aus.

In beiden Haushaltungen ist der Hausrat dürftig. Ein Kanonenöfchen dient als Herd, ist die einzige Feuerstelle in der Wohnung, die Küche der einzig warme Raum, in dem Elisabeth nicht friert. Was in der Stellage steht, ist geliehenes, geschenktes, gefundenes Geschirr. Alles, was zur Stadtwohnung gehörte, liegt dort unter Trümmern begraben. Die vielarmige Hausfrau ist ebenso gefragt wie „St. Sebastelian" in der Gestalt von Eugen, dem Mann mit viel Geschick. Einem Nothelfer gleich steht er, sieht er sich inmitten seiner Werke. Im Vordergrund Madame Dreifuß, die Katze, der eine Pfote fehlte. Eugen hat ihr, wenn auch nur auf dem Blatt, eine Prothese gebastelt. Die Katzenmutter und ihr Sohn sind Stammgäste bei den Croissants. Elisabeth hat sie porträtiert, es ist ihr einziger Beitrag zur Chronik. Außerdem leben sie in Hinterglasbildern, Stilleben und Kinderbüchern fort.

„Nachdem sich Eugen beim Holzhacken den Fuß schlimm verletzt hatte, war er lange Zeit im Priener Krankenhaus". Dort lag noch ein anderer Patient: der damals in der Nachbarschaft, drüben in Mühlen, wohnende Schriftsteller und Dichter Hans Leip. Er ist der Textdichter von „Lili Marleen", dem Lied, das im Krieg Freund und Feind gesungen hatten. Hans Leip hat in seinem Buch „Das Tanzrad" der chirurgischen und seelenärztlichen Kunst des Priener Chefarztes Dr. Rupert Dorrer ein großes Lob ausgesprochen. Eugen Croissant ist die Schwester Aloysina, eine der fürsorgenden Kräfte des Hauses, in Erinnerung geblieben.

Sankt Sebastelian inmitten seiner Werke

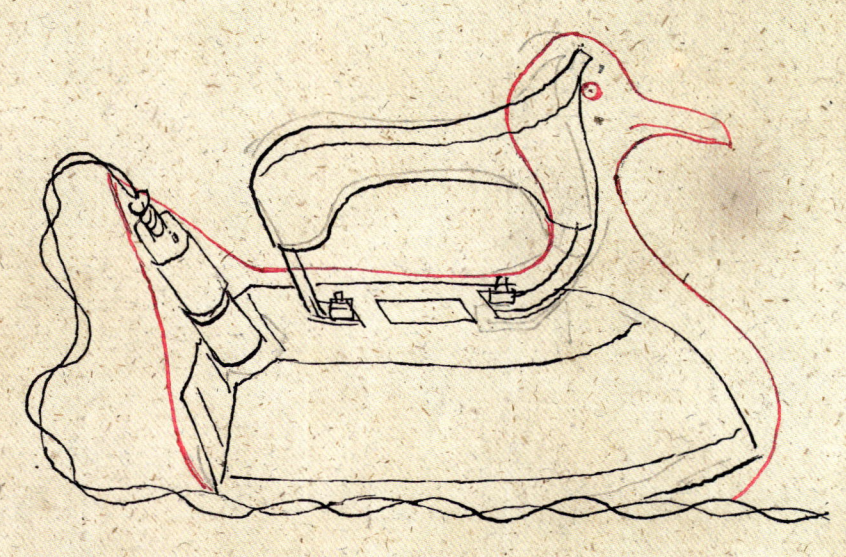

METAMORPHOSE

EIN ENTENBRATEN GEGEN ELEKTRISCHE GERÄTE

MIT DENEN UNS EIN KUNSTLIEBHABER VERSORGTE UND WIR DIE BAUERN.

Elisabeth – das Mädchen für alles

ICH KLAUBE AN GOTT
OKTOBER 1945
UND KARTOFFELN

EINE BESUCHERIN SCHICKTEN WIR
AUFS FELD, UM EIN PAAR KARTOFFELN
ZU KLAUEN, DA WIR NICHT GENUG
ZU ESSEN HATTEN.

Die gute Seele: Schwester Aloysina aus dem Priener Krankenhaus; sie betreute Eugen, der sich verletzt hatte

Die Kunstmühle

Es grenzt an wunderbare Verwandlung, was in diesen Jahren die „Kunstmühle E. + E. C." hervorbringt. Gefüttert wird sie mit selbstgefertigten Schuhen, Spielzeug und mit Zeichenblättern, Aquarellen, die – als einziges Gut überliefert – noch heute in manchen Wohnungen hängen. Das Mahlgut, das aus dem Schubladen quillt, sind Naturalien, alles Raritäten in damaliger Zeit, durch Tausch erworben. Darunter zwei Päckchen, die von der großen Schwäche des Rauchers Eugen Croissant berichten: Seine beiden Lieblingsmarken erscheinen wiederholt. Sie sind nicht auf dem Schwarzmarkt erworben, sondern das Honorar für Grafiken, die der Maler für Amerikaner schuf. Die Ami-Zigarette entsprach damals, was heute kaum mehr vorstellbar ist, einer Währung, härter als die Reichsmark in bezug auf ihren Marktwert.

Mit dem Maß materieller Vorstellung betrachtet, gab und gibt es kostbarere Ostereier, als sie damals, alljährlich zur Frühlingszeit, im Haus an der Breitbrunner Kiesgrube, sowie später in Urfahrn, gemalt wurden. Im Gegensatz zum herkömmlichen Brauch waren sie alle schon ausgeblasen, ihr Dotter und Eiweiß in der Schüssel verrührt oder in der Pfanne gebraten. Alle sind sie Unikate gewesen, von Hand bemalt und für den Tausch bestimmt. Motive fanden sich im Umfeld genug, sie reichten vom See und dem Dampfer, von Adam und Eva bis zu Sonne und Mond mit verschmitzt lächelnden Gesichtern. Das Jahr, Ostern 1947, ist verbürgt, als der Notensatz zum Frühlingsstimmen-Lied entstand. Die Art, wie dieser auf der Rundung des Eies erscheint, verrät die geübte Hand.

In dem Haus gab es eine Vielzahl Puppen, die immer wieder neue Besitzer fanden. Sie waren für das kinderlose Ehepaar vor allem Tauschobjekte, darunter auch die schöne „Mehlusine". Sie wechselte auf einen Bauernhof in einen Puppenwagen. Ein kleines Mädchen hatte sie ins Herz geschlossen, den „armen Künstlern" tat sich somit eine Mehlquelle auf. Weihnachten war auch damals die hohe Zeit des Gebens und Schenkens. Klapperschlangen, die Eugen aus Holz gebastelt hatte, begeisterten die Buben. Den eigenen Christbaum aber schmückten handbemalte Papiergirlanden, Muscheln aus dem Chiemsee reihten sich zu perlmuttschimmernden Ketten.

Mit Speck fängt man Mäuse

KATER – Fundgrube

▷ Zu Ostern malten wir ausgeblasene
Eier an, die wir bei den Bauern
gegen Lebensmittel tauschten

Ostern 1948

Linke Seite:
Ostern 1947: Wieder Eier bemalt
und eingetauscht.
Es reicht schon zu einem Kuchen!

Weihnachtsbasteleien 1947

Die Fundgrube

Die Croissants haben im Haus des Freundes dreimal die vier Jahreszeiten erlebt – eingeschlossen die Kältewinter, die dem Krieg folgten. In der Vorstellung des Eugen brach ein Gletscher in das Schlafzimmer ein. Von Dezember bis Februar bewährte sich aber auch „Das Sahnatorium", der Kühlschrank für den Schlagrahm. „Wir bekamen vom Bauern jeden Tag ½ Liter Milch, die wir abrahmten …", schreibt Elisabeth. Einmal in der Woche gab es Kaffee mit Schlagrahm. Im Sommer bewährte sich das Nordfenster als kühle Speis, wenn auch mit wenig Vorräten. Man hatte dem Malerpaar erlaubt, am Rande der Kiesgrube, an der das Rennerhaus stand, einen Garten anzulegen. Elisabeth pflanzte und säte. Eugen, „der alles rauchte, was tauglich war", pflegte seinen Tabak und ruhte zwischen den Stauden aus.

Das Rennerhaus, die Kiesgrube, der kleine Garten, all die Örtlichkeiten, die es damals noch am Rande des Dorfes gab, sind heute nicht mehr zu finden. Die Zeit ist fortgeschritten. Breitbrunn ist, nicht viel anders als die anderen Siedlungen, ausgeufert. Ausgenommen Frauenchiemsee, denn hier hat der See dem „Fortschritt" Grenzen gesetzt. Der Platz, an dem die Croissants wohnten, und sein Umfeld sind historisch. Die Kiesgrube ist der älteste bekannte Siedlungsort am Chiemsee. Darüber erhebt sich heute das Gemeindezentrum (siehe S. 79: Ein historischer Platz).

In der Grube lagerte „'s Glump", Ausgedientes aller Art. Eugen bedeutete sie eine Fundgrube. Hier fand er das, was, unter geschickten Händen verändert, nicht wiederzuerkennen war und als Gerät oder Spielzeug zum gefragten Tauschobjekt avancierte. Darunter war auch einiges, das für Bauernkinder zum Weihnachtsgeschenk wurde.

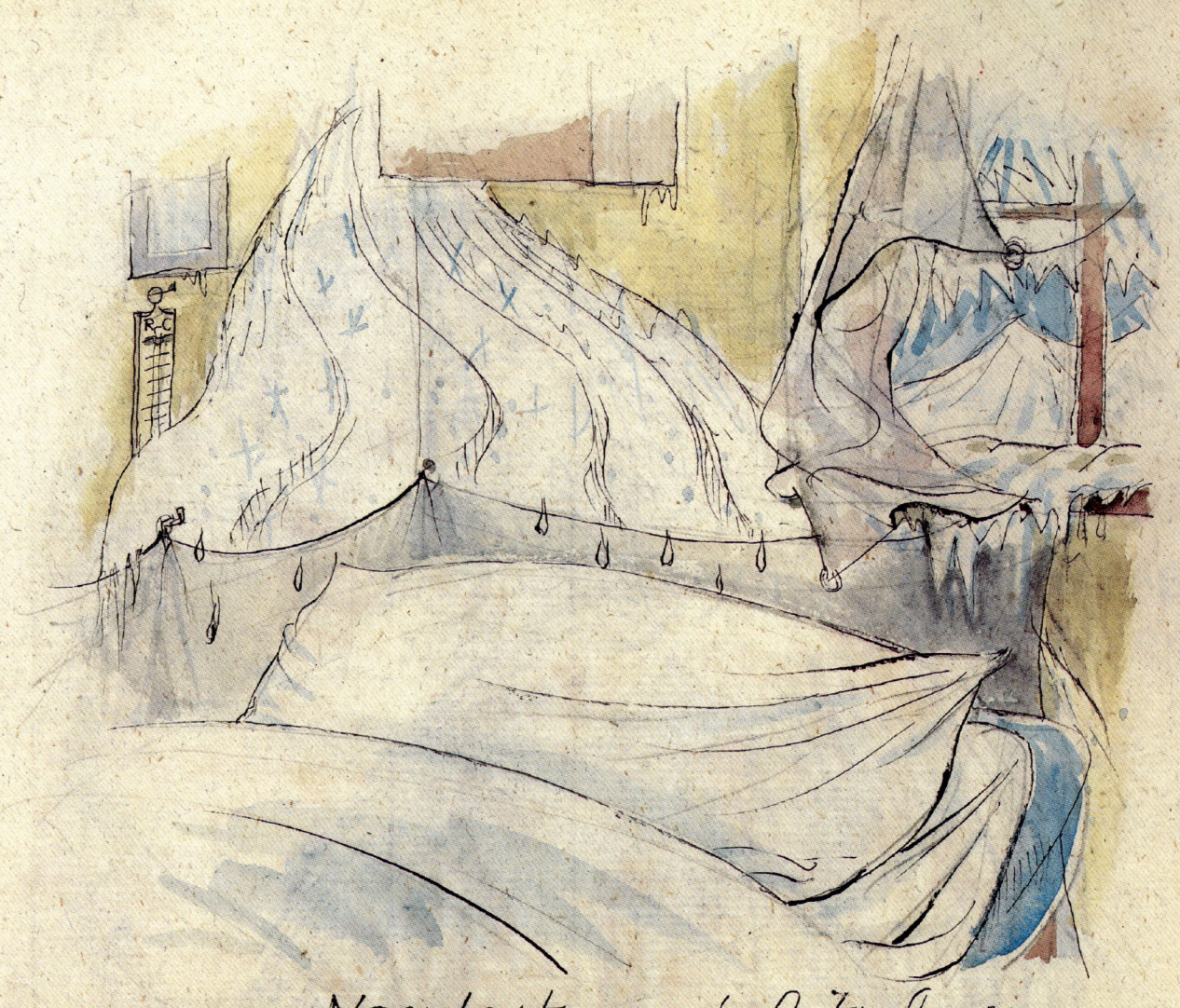

Nordostwandgletscher

SOS Eisberg!
KÄLTEWELLEN 1947

Wintersport hinterm Mond:

Das Sanatorium
Dez.–Febr. in Betrieb.

Neujahr 1947

Winter in unserem Garten

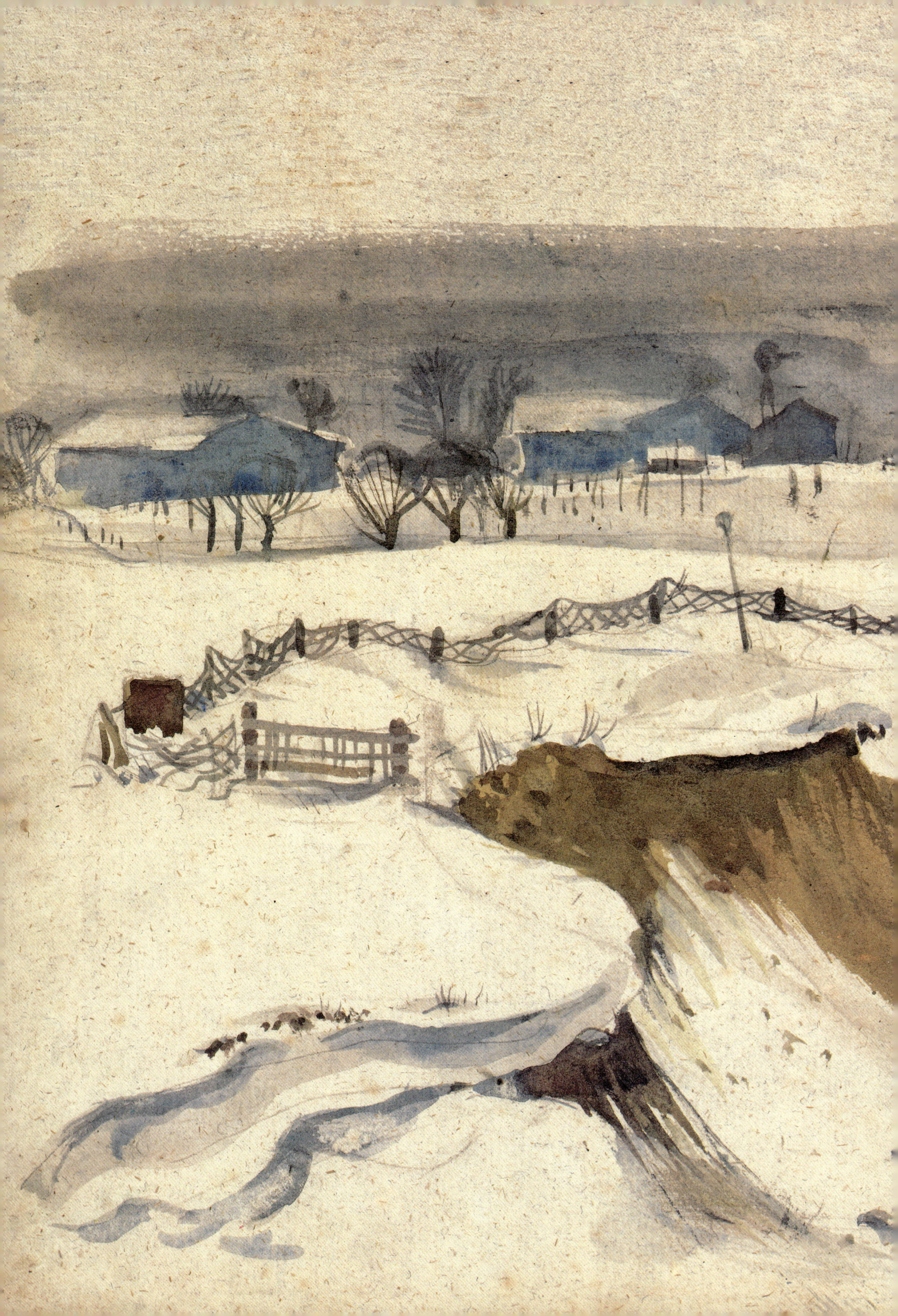

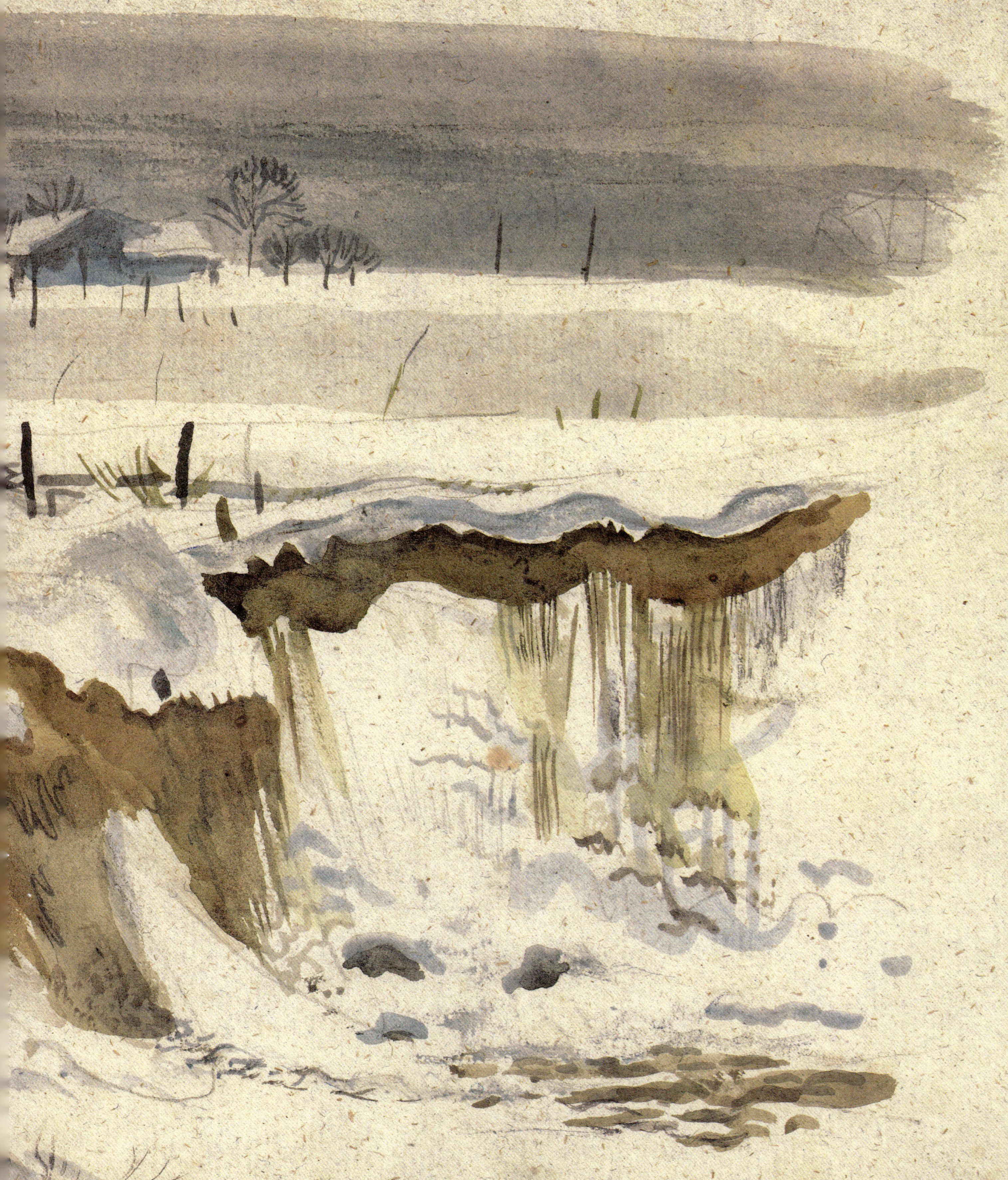

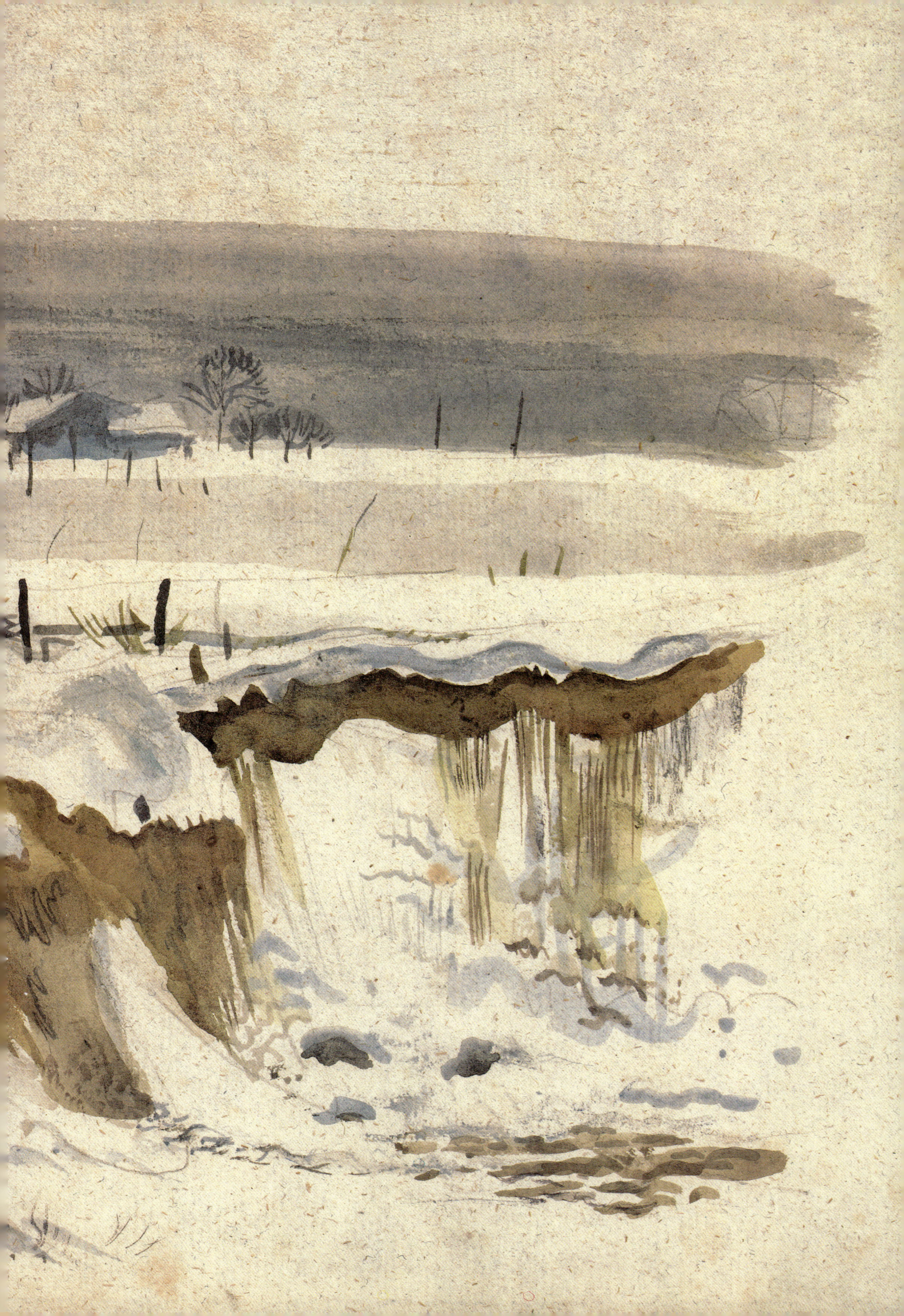

Vorangegangene Doppelseite:
In der Kiesgrube hinterm Haus wurden Eugen
und ein Geologe auf verschiedene Art fündig.
Uns erlaubte man, am Rande einen schmalen
Garten anzulegen.
Heute befindet sich hier das Gemeindezentrum.

Frühling am Haus und im Garten

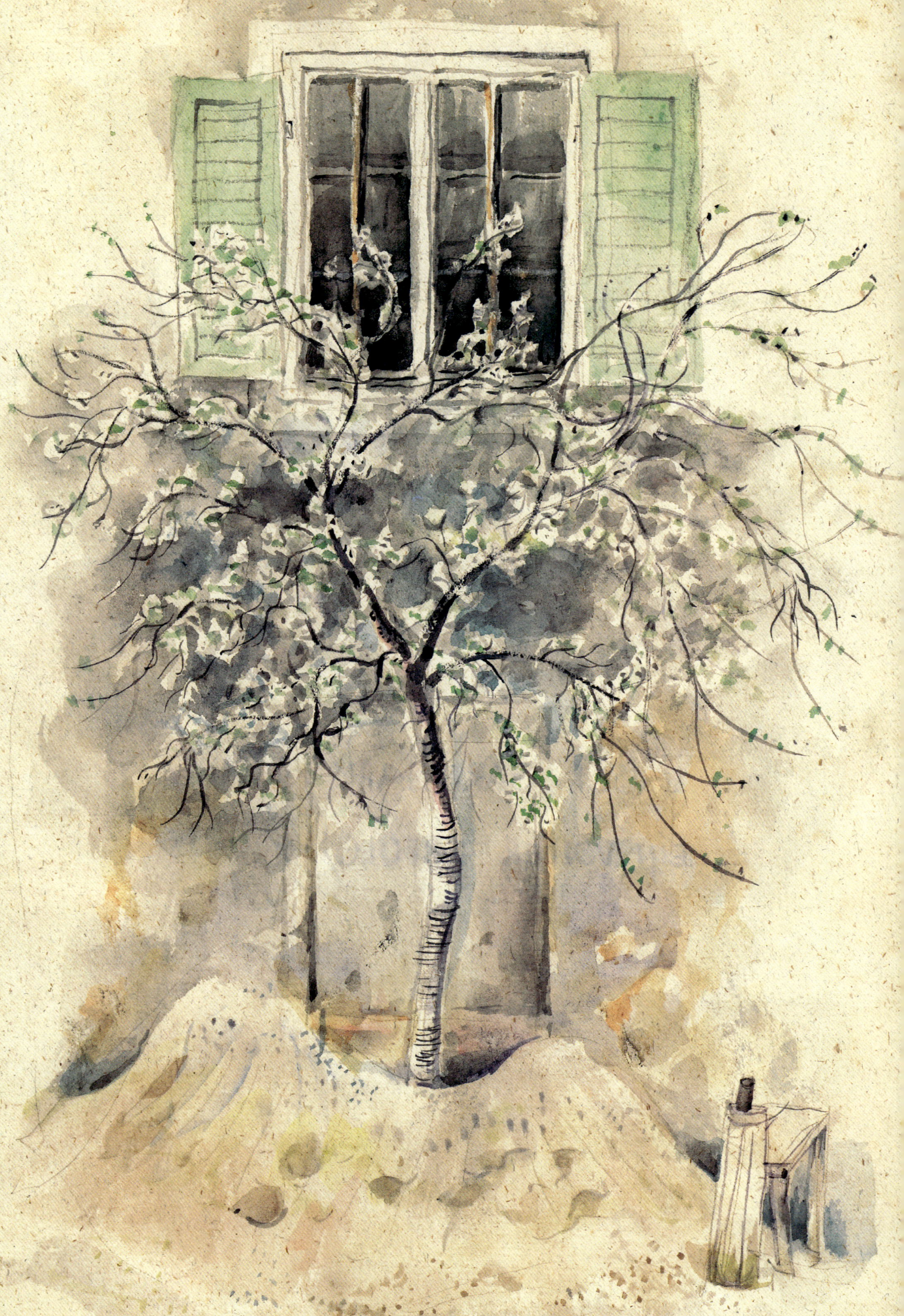

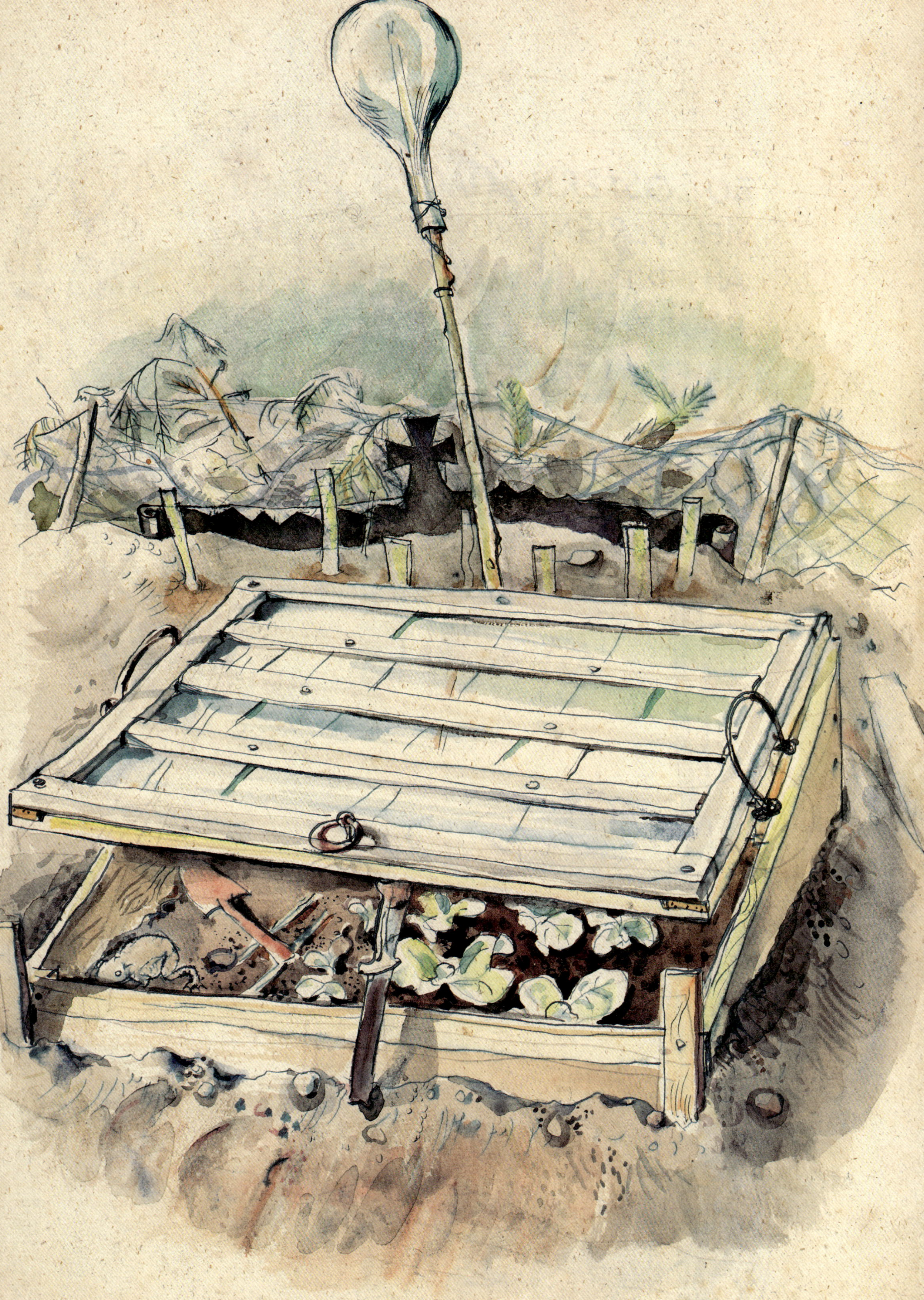

Ananasfarm 1948

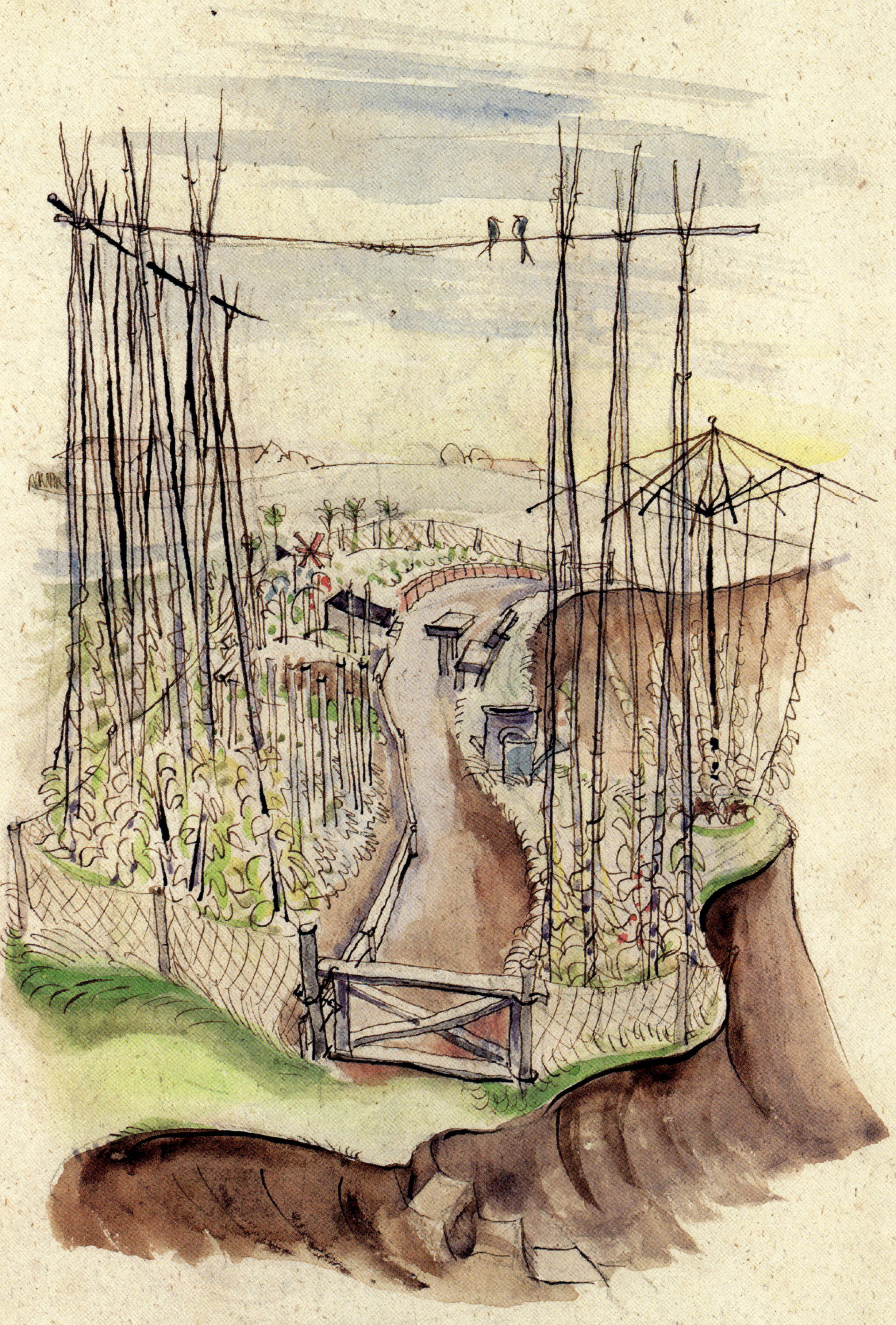

*Jahr für Jahr schrumpfte unser Garten, da in der
Grube fortwährend Kies abgegraben wurde*

*Seite 48:
Im „Kesselwagen" holten wir das Wasser
für die Beete*

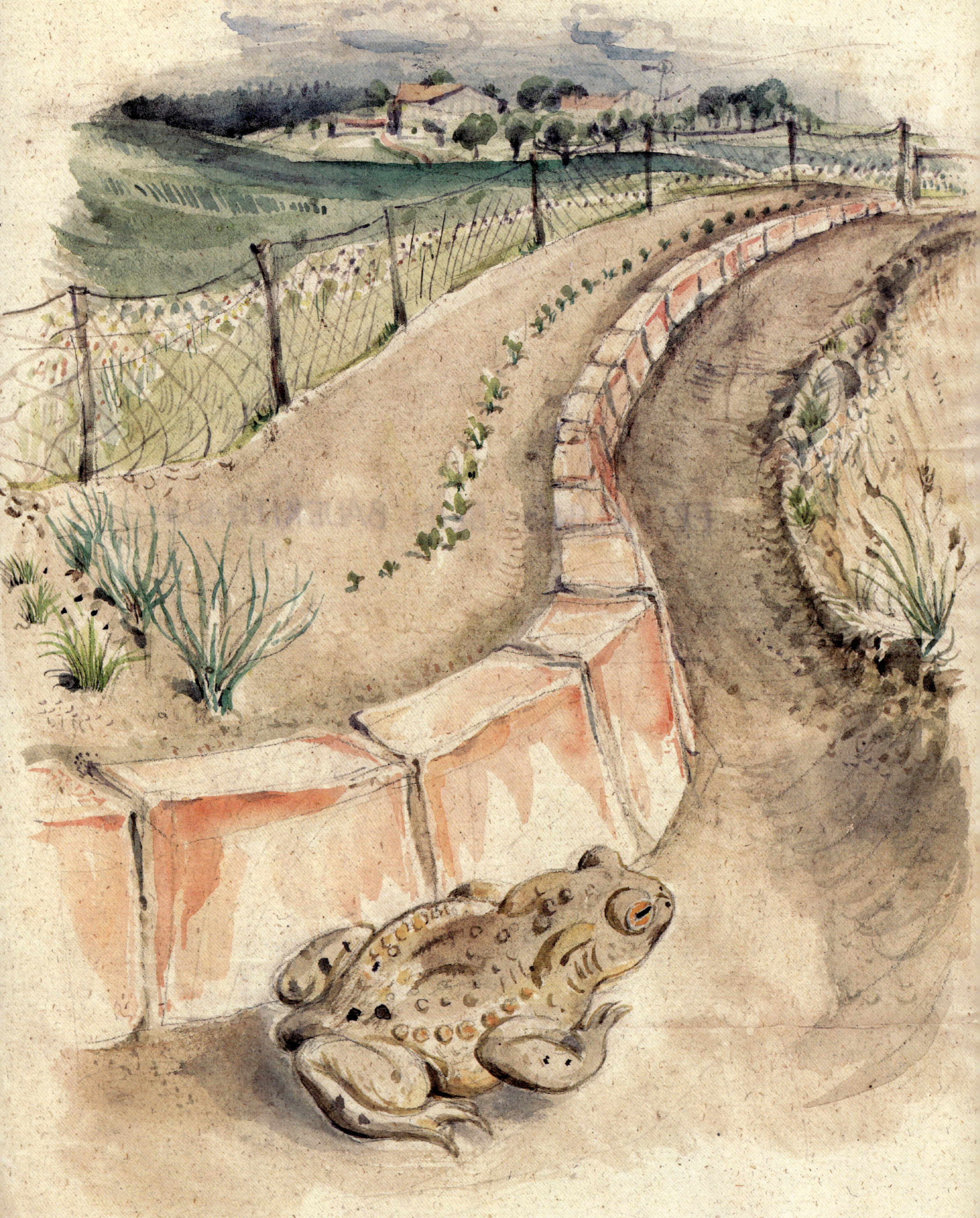

Hoffnungsschimmer

die Feuerwehr

Alles pflanzte damals Tabak an – Eugen ruht im Eigenbau

„KOMPENSIERTE MILCH"
(1 AMI-ZIGARETTE = 1 L MILCH)

WIR BEKAMEN VOM BAUERN JEDEN TAG ½ LITER MILCH, DIE WIR ABRAHMTEN, UM EINMAL IN DER WOCHE SCHLAGRAHM ZU MACHEN

Unser Kühlschrank – spärlich bestückt ▷

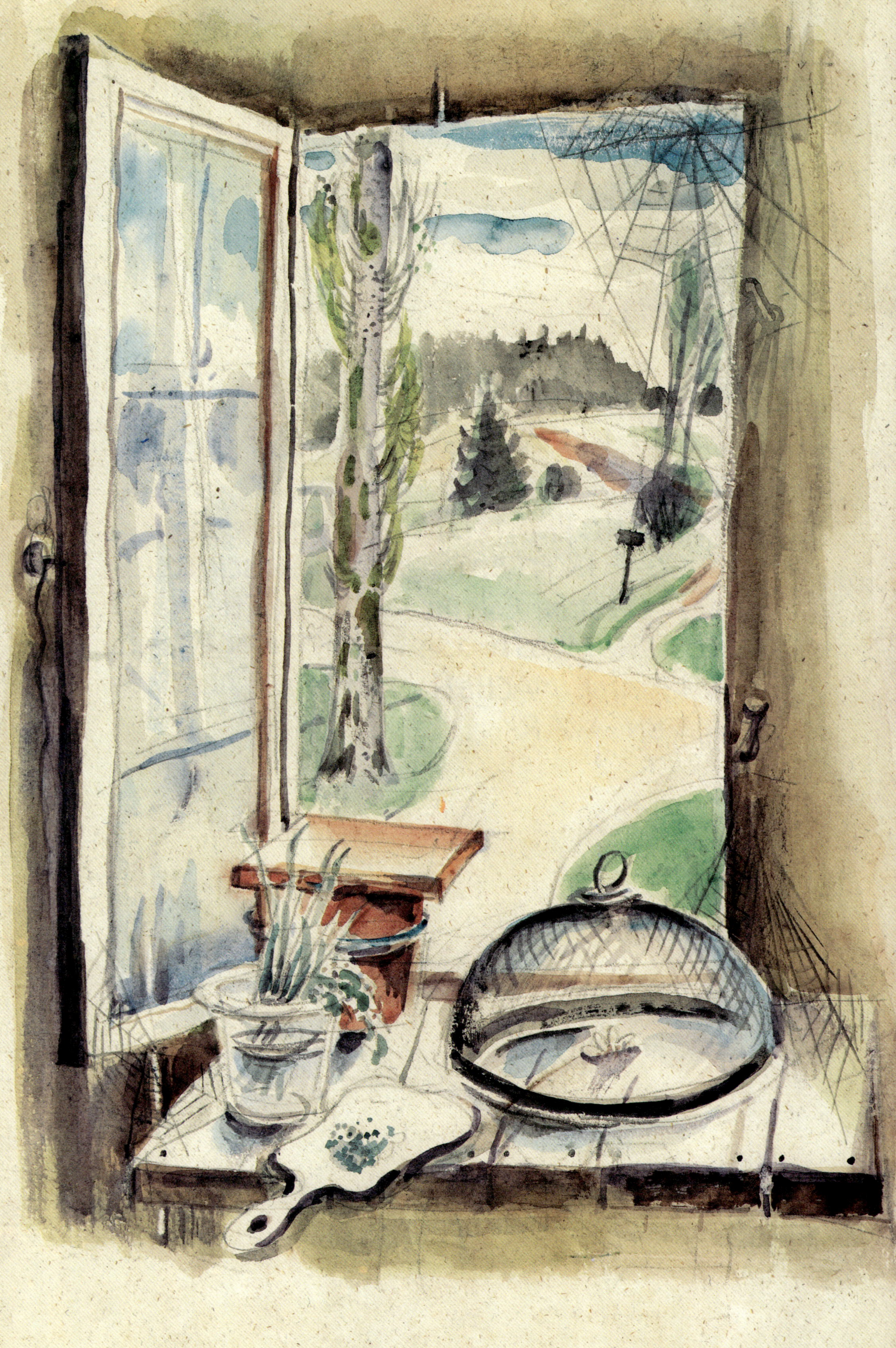

Der Versorgungs-Lageplan

Der Blick aus dem Haus reichte über Wiesen und Felder hinaus zum Wald, wo Beeren und Pilze, Kümmel und Tee, Kaffee und Kresse wuchsen. Der Versorgungsplan klärt auf und erinnert an das, was man alles „geprockt" und gesammelt hat, wie hoch geschätzt die Gaben der freien Natur waren, in der heute noch geerntet werden kann, ohne daß man säen muß.

Alle Wege zu den Ernteplätzen führen von Breitbrunn, „dem Mittelpunkt der Welt", nach Norden. Als „Gekados" (Geheime Kommandosache) – die Abkürzung ist noch aus Kriegstagen in Erinnerung – sind sie ausgewiesen.

In den Jahren vor und nach Kriegsende gab es kaum gesellschaftliches Leben. Der Linienbus von Seebruck über Breitbrunn nach Prien verkehrte nicht mehr oder noch nicht wieder. Wer zur Bahn wollte, mußte zu Fuß gehen. Außerdem bestand im Sommer 1945 Ausgangssperre.

Für die Croissants zählte dies nicht zu den großen Widerwärtigkeiten des Alltags: Eugen war kein Gesellschafter, war nicht auf Ablenkung angewiesen, öffnete, wie auch Gulbransson, nicht jedem Reporter die Tür. Dagegen war eine Besucherin, die sich aufs Feld wagte, „um ein paar Kartoffeln zu klauen, da wir (Oktober 1945) nicht genug zu essen hatten", ein willkommener Gast.

Die Mühe des Alltags, das Notwendige fürs Leben zu besorgen, hielt zuweilen auch Freuden bereit. Da boten sich die Seen zum Baden an. Der Weg führte im Sommer oft in die Filzen zum Stechen des Torfes, den man zum Heizen brauchte. Das geschah oft bei drückender Schwüle. Die „Gump'n", in denen das Moorwasser stand und in die man stieg oder sprang, boten die einzige Erfrischung. Ein Schild zeigt an, daß der Torfstich bereits besetzt ist. Das Handtuch erinnert an die harten bis erholsamen Stunden im „Moos", womit im Bayerischen das Moor gemeint ist.

VERSORGUNGS-LAGEPLAN

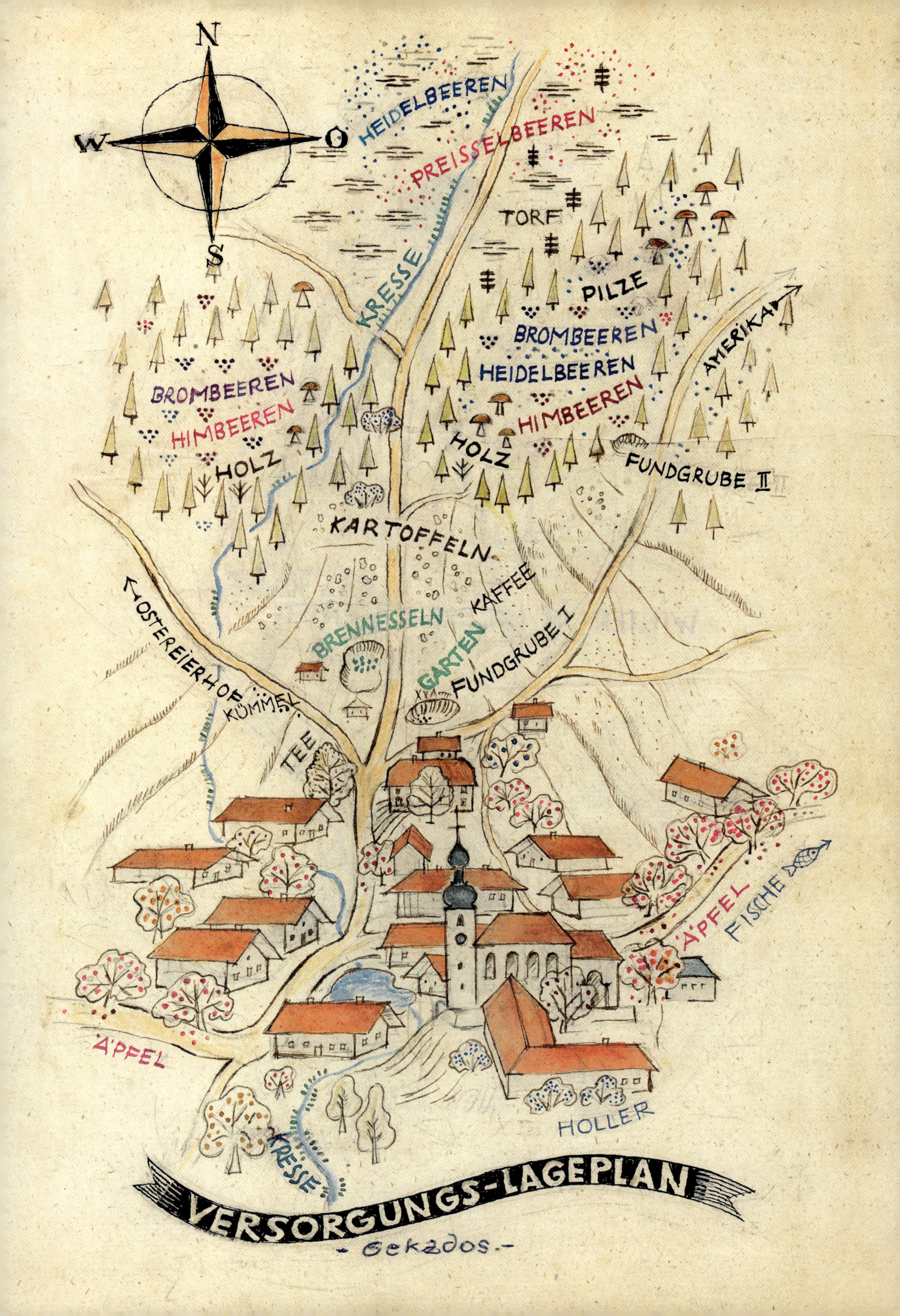

— Gekados —

N / O / S / W (compass)

- HEIDELBEEREN
- PREISSELBEEREN
- KRESSE
- TORF
- PILZE
- BROMBEEREN
- HEIDELBEEREN
- HIMBEEREN
- AMERIKA →
- BROMBEEREN
- HIMBEEREN
- HOLZ
- HOLZ
- FUNDGRUBE II
- KARTOFFELN
- BRENNESSELN
- KAFFEE
- GARTEN
- FUNDGRUBE I
- ← OSTEREIERHOF
- KÜMMEL
- TEE
- ÄPFEL
- ÄPFEL
- FISCHE →
- HOLLER
- KRESSE

Während der Torfarbeit badeten wir – erschöpft – in den Gumpen

CROISSANT

Die Seeschlange

Der Chiemsee war zu dieser Zeit schon lange keine künstlerische Diaspora mehr. Vor hundert Jahren hatten ihn die Maler der „übrigen Welt entdeckt", wie die Künstlerchronik von Frauenwörth überliefert. Das Seenland unterscheidet sich von den Sommersitzen des bayerischen Hochadels, von Starnberg, Tegernsee und Berchtesgaden, wohin die Maler, Dichter und Schriftsteller ihren königlichen Auftraggebern gefolgt sind. Wer den Chiemsee wählte, tat es aus freiem Entschluß. Wir wüßten nicht, wer gerade vor fünfzig Jahren im Umfeld der Croissants gelebt und gemalt hat, hätte Eugen sie nicht mit Namen und Szenendarstellungen überliefert. Man ist versucht zu sagen: Zu keiner Zeit hat es am Chiemsee mehr Künstler gegeben. Denn die 37 Namen beziehen sich auf das Uferland zwischen Breitbrunn und Gollenshausen, das schließt gerade zwei Gemeinden ein. Eugen Croissant hat die Kollegen von den Ausstellungen auf Herrenchiemsee gekannt. Allein mit Erich Glette (1896–1980) war er befreundet. Croissant war viel mehr ein Eremit als ein Gesellschafter, was nicht ausschließt, daß es einen kleinen Kreis von Freunden gab. Dazu gehörten Arnold Balwé (1898–1983) und Elisabeth Balwé-Staimmer (1896–1973), das Malerpaar, das am anderen Seeufer lebte.

Mit dem ihm eigenen satirischen Sinn listet Croissant die Kollegen im „Kunstverseuchungs-Lageplan" auf. Unübersehbar ist Gstadt darin stärker belegt als Breitbrunn. Es ist das Dorf, das vor der Insel Frauenchiemsee liegt. Von Gstadt bot und bietet sich immer noch das Motiv, das sich am besten verkaufen läßt. Es spricht für die Eigenart, den Eigensinn dieses Künstlers, daß sich unter der Vielzahl von Aquarellen, welche er am Chiemsee schuf, kein einziges Bild der Insel findet, auf deren Friedhof er begraben liegt. Inmitten des Sees Croissants letzte

Die „Seeschlange" oder:
Wer zuerst kommt, malt zuerst.

Ruhestatt zu beherbergen, ist eine Reverenz der Inselgemeinde an den Maler, dessen gesamtes Spätwerk in dieser Landschaft entstand, die das einzige Thema darstellte.

Die Chronik weist die Insel als „Motiv 1" aus. Davor bildet sich die „Seeschlange" – in Anlehnung an das Schlangestehen vor Geschäften in damaliger Zeit. Allen voran Heinrich Heidner (1876–1974), obgleich die Insel in dessen Werk nur gelegentlich erscheint. Heidner war Vertreter eines besonnenen Expressionismus. Seine Art befähigte ihn auch, als Vorsitzender der „Notgemeinschaft bildender Künstler Gstadt" in den Jahresausstellungen auf Herrenchiemsee nach dem Krieg stilistisch verschiedene Kräfte zu vereinen. „Notgemeinschaft" drückt bereits die damalige Lage der Künstler aus. Die ursprüngliche Satzung, wonach beim Bilderverkauf der Erlös kollegial geteilt werden sollte, war gemeinnützig gedacht, erwies sich aber als nicht durchführbar. In der „Bildreportage vom Notgemeinschaftsrennen um den besseren Platz bei der Ausstellung Herrenchiemsee 1949" hat Eugen Croissant seinen Vorschlag, jeder Maler solle seine Bilder selbst zur Insel transportieren, illustriert. Noch einmal greift der Satiriker in dem Varietébild mit Faschingsdekoration das Thema auf. Da steht er, der Zauberer, und stellt coram publico, im Angesicht der Ballonschlange seiner Kollegen, die seltsame Verwandlung seiner Elisabeth vor. Der Hintergrund der Szene ist nicht dargestellt, sondern muß erzählt werden. Auf die Bühne kam eine schmale, verhungerte Gestalt mit zugeklapptem Regenschirm: die Elisabeth der mageren Jahre. Infolge besserer Zeiten gewann die Figur an Gestalt, jetzt mit aufgespanntem Regenschirm. Der Zauberer schuf mit Pumpe und Hülle die Fülle.

KUNSTVERSEUCHUNGS-LAGEPLAN

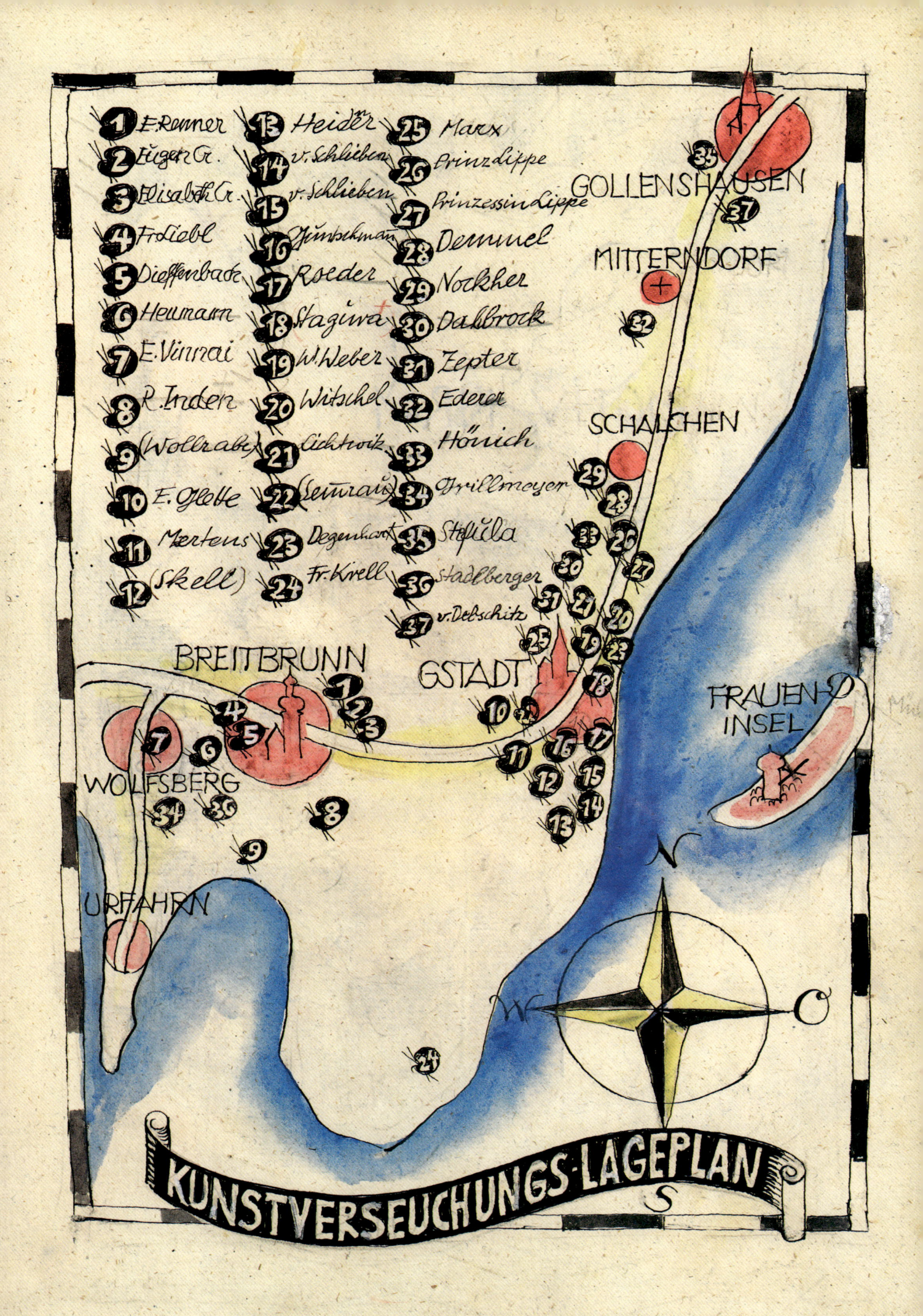

Locations: GOLLENSHAUSEN, MITTERNDORF, SCHALCHEN, BREITBRUNN, GSTADT, FRAUENINSEL, WOLFSBERG, URFAHRN

1. E. Renner
2. Eugen Gr.
3. Elisabeth Gr.
4. Fr. Liebl
5. Dieffenbach
6. Heumann
7. E. Vinnai
8. R. Inden
9. (Wollrab)
10. E. Glette
11. Mertens
12. (Skell)
13. Heider
14. v. Schlieben
15. v. Schlieben
16. Ofierbekmann
17. Roeder
18. Stagiwa
19. W. Weber
20. Witschel
21. Cichtvoiz
22. Seinrain
23. Degenhart
24. Fr. Krell
25. Marx
26. Prinz Lippe
27. Prinzessin Lippe
28. Demmel
29. Nockher
30. Dahlbrock
31. Zepter
32. Eder
33. Hönich
34. Grillmeyer
35. Stefula
36. Stadlberger
37. v. Debschitz

*Auf Eugens Vorschlag sollten die Maler ihre
Bilder einmal selbst zur Jahresausstellung
auf die Herreninsel transportieren*

BILDREPORTAGE

vom Notgemeinschaftsrennen
um den besten Platz
der Ausstellung Herrenchiemsee 1949

Unsere Mondnummer am Künstlerabend

"Hinterm Mond" im Fasching 1948.

Gratulanten

Man schreibt mittlerweile das Jahr 1948, die Zeit der wirtschaftlichen Wende. Noch immer zählt aber der porträtähnlich gemalte Briefträger zu den willkommenen Besuchern, erscheint wie ein himmlischer Bote mit Päckchen aus England und der Schweiz. Sie enthielten keine Belegexemplare mehr, sondern Nützliches, welcher Art auch immer, das man seit langem entbehrte. Die Post stellt Verbindung zu Freunden aus früheren Tagen und besseren Zeiten her. Eugens 50. Geburtstag wird schon in der Pfalz gefeiert. Der Bürgermeister von Landau gratuliert. Der Geburtstagstisch ist üppiger gedeckt als in den zurückliegenden Jahren. Darüber hängt das „Motiv 1", die Fraueninsel, die Ansicht, die zu malen er anderen überlassen hat. Elisabeth hat diese „Luxussause" – in Erinnerung an einen Weihnachtsbrauch ihrer Familie – für Eugen in Lebkuchen gebacken und mit Zuckerguß bemalt.

Am Chiemsee stellen sich noch einmal Gratulanten ein. Die „Deputation der Heumanndeln" erweist dem Maler ihre Reverenz – ihm, der sich der Landschaft, in der er lebte, verbunden fühlte. „Fern allen lauten Betriebs (ist er) ohne Konzession an vorübergehende Moden seinen eigenen Weg gegangen", hebt die Bayerische Akademie der Schönen Künste hervor, als sie ihm 1975 den Preis für Malerei verleiht.

Unser Briefträger – ein himmlischer Bote.
Er brachte Post aus England und der Schweiz

1. Auslandspost

Eugens 50. Geburtstag wurde in Landau in der Pfalz gefeiert

18.10.48.

Die Breitbrunner Heumanndl gratulieren

Geburtstagsdeputation

VILLA BIRKENSTEIN — MÜNCHEN HAYDNSTR. — LUFTSCHLO[SS]

RENNER SCHREIBT AUS RUSSLAND DASS ER BALD KOMMT — WIR FANGEN AN LUFTSCHLÖSSER ZU BAUEN

ATELIER LANDAU

SS AITERBACH

VILLA HOCHSTÄTT

VILLA KITZ

RUINE WOLFSBERG

*Renner kommt aus Gefangenschaft,
er kehrt sein Heim, wir müssen raus*

Der Heimkehrer kehrt ein heim.

Das Spätwerk

Die Halbinsel Urfahrn, der zweite und endgültige Wohnsitz der Croissants am Chiemsee, ist wiederum ein historischer Platz. Das alte Bauernhaus „Zum Lex'n" liegt zwischen Kailbacher und Mühlner Winkel, nahe der Überfuhr. Nirgendwo sonst am Chiemsee rückt eine Insel so nahe an das Uferland. Von hier, so vermutet man, haben Menschen erstmals auf Herrenchiemsee übergesetzt. Zu Beginn der achtziger Jahre gewinnt im vorigen Jahrhundert der Platz noch einmal geschichtliche Bedeutung: Auf Herrenchiemsee entsteht das größte der von Ludwig II. errichteten Königsschlösser. Seine Majestät setzt, meist im Schutze der Nacht, vom Bahnhof Rimsting kommend, in Urfahrn über. Urfahrn wird zur Wahlheimat der Croissants. Eugen, der Karikaturist des „Simplicissimus", der „Jugend" und der „Fliegenden Blätter", der kritische Zeitzeuge, dem es gegeben war, den Menschen in den Spiegel sehen zu lassen, ohne ihn zu verletzen, ist, wie er es selbst einmal ausdrückt, „der Hast des Aktuellen überdrüssig". Die Nachricht aus der Schweiz, daß man im „Nebelspalter" keine ausländischen (nicht ausgesprochen: keine deutschen) Mitarbeiter mehr wünscht, wird nicht Ursache, doch Auslöser für den Wandel gewesen sein. Denn ein Mensch wie dieser, den – im Urteil von Ernst Maria Lang – „ein feinnerviger Umgang mit der Natur auszeichnet", ist verwundbar. Der Mensch erscheint fortan im malerischen Werk, wenn überhaupt, dann nur noch mittelbar, in seinen Kulturen und Bauten. Als „die übrige Welt" glaubt, See und Ufer seien als Motive ausgeschöpft, gehörten als Kunstlandschaft mit der Münchner Schule und deren Nachfahren der Geschichte an, malt Eugen ein neues Landschaftsbild: das Winterbild der Natur.

Die Bauern sagten: „Der Croissant malt wieder, dann kimmt der Winter". Wenn die Boote kieloben am Ufer lagen, schneebedeckt, und der

See eine Eisdecke trug, war das die Zeit des Malers. Elisabeth erzählt: „Eugen geriet so sehr in Erregung, daß er die Kälte nicht spürte." Auf manchem Blatt ist zu sehen, daß in den Nebelschwaden Schlieren nisten, Spuren kleiner Kristalle. Sie stammen vom Salz, das der Maler seinem Aquarellwasser beigefügt hatte, um das Gefrieren zu verhindern.

Eugen Croissant malte den Augenblick, den er erlebte, der unwiederbringlich ist. Denn das Erlebnis beginnt für einen, der zu sehen vermag, immer noch vor der Haustüre. Schon die Inseln waren ihm entrückt. Sein Blick reichte gerade über den Kailbacher Winkel hinweg, hinüber nach Sassau und Schafwaschen.

Währenddessen entstanden zu Hause neben Kinderbüchern die Stilleben seiner Frau. Die kleine Welt, die sie umgab: Schalen mit Früchten, die Katze, der Gimpel vor dem Fenster – im opaken Schein von Hinterglasbildern, lange ehe diese Malweise wieder publik wurde und ins Kunsthandwerkliche abgeglitten ist. Absolut eigenständig im Stil, nichts beginnend, das sie nicht erfüllt hätte. Bewußt beschränkte sich die junge Frau, verzichtete auf Papier und Leinwand, die Malmittel ihres Mannes, und wählte das Glas. Ein jedes der beiden blieb so betrachtet für sich. Trotzdem bildete sich in der Vorstellung der an Kunst Interessierten der Begriff „die Croissants" heraus. Im Rückblick zählen sie zu den Malerpaaren, den Balwés, den Eulers, den Stefulas, den Caspars, die zu Beginn der zweiten Hälfte dieses Jahrhunderts ein neues Landschaftsbild in der langen Tradition der Chiemgauer Kunstgeschichte präsentierten.

Anhang

Zeittafel zu Leben und Werk Eugen Croissants

1898	Eugen Croissant wird in Landau/Pfalz als Sohn des Kunstmalers August Croissant geboren. Die Croissants sind hugenottischer Herkunft. Eugen ist wie der Vater Linkshänder. Frühe Neigung zum Zeichnen und Malen, er karikiert seine Lehrer.
1917	Notklasse-Reifeprüfung
1918	Soldat bis zum Kriegsende
–1920	Architekturstudium an der TH München. Max Slevogt sieht die Zeichnungen des Studenten, die er „begeistert bejaht", worauf der Vater einem Wechsel an die Kunstgewerbeschule zustimmt.
1920–1922	Studium bei Julius Diez und Willi Geiger an der Kunstgewerbeschule München
1923	An der Akademie der bildenden Künste; Schüler bei Karl Caspar, lernt in dessen Malklasse seine spätere Frau kennen
1924	Erste Ausstellungen als freischaffender Maler
–1939	Bis Kriegsausbruch erscheinen seine gezeichneten Humoresken in den satirischen Zeitschriften: Fliegende Blätter, Meggendorfer Blätter, Simplicissimus, Nebelspalter, Der Querschnitt. Malreisen nach Frankreich, Südeuropa und Nordafrika, ermöglicht durch Stipendien. Mitglied des „Deutschen Künstlerbundes" unter Max Liebermann.
1930–1944	Mitglied der „Münchener Neuen Secession"
1931	6. Juni: Brand des Glaspalastes in München, Verlust von zwölf Aquarellen.
1943	20. August: Britische Luftmine zerstört das Münchener Atelier. Ausweichquartier bei dem Maler E. Renner in Breitbrunn. 15. November: Eheschließung mit der Malerin Elisabeth Jäger.
1945	Vor Kriegsende Soldat in Schongau. Der Maler zeichnet wieder für den Schweizer „Nebelspalter", bis er als unerwünschter Ausländer die Mitarbeit einstellen muß. Mitbegründer der „Neuen Gruppe" im Haus der Kunst, München. Mitgestalter der Ausstellungen auf Herrenchiemsee.

1948	Ausstellungen in Kaiserslautern, Speyer, München u. a.
1968	70. Geburtstag. Er wird Ehrenmitglied der Zügelfreunde e.V. Wörth am Rhein
1975	Die Bayerische Akademie der Schönen Künste verleiht ihm den Preis für Malerei.
1976	2. Februar: Eugen Croissant stirbt in Urfahrn. Seine Asche wird in einem Ehrengrab der Gemeinde Breitbrunn auf dem Inselfriedhof von Frauenchiemsee beigesetzt. Gedächtnisausstellung in der Städtischen Galerie Landau/Pfalz
1980	Ausstellung in der Galerie der Sparkasse Rosenheim
1984	Retrospektive in der Städtischen Galerie Rosenheim
1995	Die Galerie der Marktgemeinde Prien zeigt einen Querschnitt des gesamten graphischen und malerischen Werkes.

Elisabeth Croissant

1901	Elisabeth Croissant wird in München als Tochter des Architekten Carl Jäger geboren.
1923	Studium an der Münchner Akademie bei Becker-Gundahl
1924	Wechsel in die Malklasse von Karl Caspar, in der sie ihrem späteren Mann Eugen Croissant erstmals begegnet.
1926	Freischaffende Malerin in München
1928	Auftrag zur Ausgestaltung des Kinderzimmers auf dem Luxusdampfer „Europa"
1943	Eheschließung mit Eugen Croissant. Umzug nach Breitbrunn in das Haus des Malers und Freundes Erich Renner.
1945	Das Ehepaar bezieht in Breitbrunn-Urfahrn die Rückseite des Lex'nhofes.

1946   Die Motive der „Europa"-Bilder werden als Holzschnitte wieder aufgegriffen. In den folgenden Jahren entstehen die für die Malerin charakteristischen Hinterglasbilder.

1988   „Die Zaubermühle" erscheint mit Versen und Holzschnitten als Kinderbuch.

1995   Elisabeth Croissant lebt nach dem Tod ihres 1976 verstorbenen Mannes in Prien.

Literatur

Die Welt des Eugen Croissant. Aquarelle, Band I: Heimat. Verlag Pfälzer Kunst, Landau i. d. Pfalz

Ernst Maria Lang/Hans Blinn: Der andere Eugen. Die zeichnerischen Humoresken des Eugen Croissant. Verlag Pfälzer Kunst, Landau i. d. Pfalz

Werkbesitz

Nationalgalerie Berlin
Bayerische Staatsgemäldesammlung München
Städtische Galerie München
Kunsthalle Mannheim
Museum der Stadt Leipzig
Marktgemeinde Prien
Akademie der Schönen Künste

Ein historischer Platz

Mag die Gemeinde Breitbrunn auch bevorzugtere Wohnlagen mit Seeblick und Bergpanorama besitzen, die einstige Kiesgrube und das jetzige Rathaus markieren einen der historisch frühesten Plätze des Chiemgaus. Es gab damals außer Eugen Croissant noch jemanden, der in der Kiesgrube sortiert hat. Dessen Interesse galt nicht dem Gerümpel, sondern den Schichtfolgen in den Sandwänden.
Der Geologe Dr. Ortwin Ganss (1914–1988), der die Landschaften am bayerischen Alpenrand kartiert hat, suchte hier nach frühen Siedlungsspuren und entdeckte dabei Scherben mit flechtmusterartiger Ornamentik. Sie gehörten zu einer Art von Geschirr, das 6000 Jahre vor unserer Gegenwart in Gebrauch war – zu einer Zeit, da in einer Völkerwanderung Gruppen aus dem Donauraum an den Nordrand der Alpen zogen. Noch haben die Völker keine Namen, ihre Kulturen sind nach Fundorten ihrer Gerätschaften benannt. Die Topfscherben aus der Breitbrunner Kiesgrube gehören zur Münchshöfener Kultur.
Deren Leute lebten noch in der Steinzeit, trieben Ackerbau, hielten Haustiere und leiteten damit die neolithische Revolution ein, eine der großen kulturellen Wenden in der Geschichte der Menschheit. Der Breitbrunner Fundort ist bislang der früheste Nachweis von Siedlern am Chiemsee.

Inhalt

Die Croissants	3
Die Geschichte dieser Chronik	4
Die Flucht hinter den Mond	6
Der Mittelpunkt der Welt	8
Das Gemeinschaftsatelier	12
Nothelfer in Not	16
Die Kunstmühle	24
Die Fundgrube	34
Der Versorgungs-Lageplan	52
Die Seeschlange	56
Gratulanten	64
Das Spätwerk	74
Anhang	76
Ein historischer Platz	79